魔法のレースで編み始める！
かんたん ベビーニットとこもの

著 寺西 恵里子
Eriko Teranishi

日東書院

JN191902

魔法のレースで編み始める！
かんたんベビーニットとこもの

はじめに 4
編み出しレース 5

王子さまになって 6

 *Crown* 6, 11
クラウン

Cape 6, 9
ケープ

First Shose 6, 10
ファーストシューズ

お姫さまになって 7

Tiara 7
ティアラ

Floral Cape 7
お花のブーケ

First Shose 7
ファーストシューズ

 Garland 9
ガーランド

 *String shoes* 22
ひもぐつ

 First Cap 26
はじめての帽子

 *Angel's Cap and Shoes* 30
天使の帽子と靴

 *Angel's Vest* 31
天使のベスト

 *Cone-shaped Cap and Collar* 32
とんがり帽子とつけ襟

 *Cone-shaped Cap and Bow Tie* 33
とんがり帽子と蝶ネクタイ

2

Bear Set 34, 36
くまさんセット

Rabbit Set 35, 37
うさぎさんセット

男の子のおでかけ
40

Vest 40
ベスト

Bow Tie 41
蝶ネクタイ

女の子のおでかけ
38

Floral Bonnet 38
お花のボンネット

Floral Bag 39
お花のバッグ

Pochette of Watermelon 42
すいかポシェット

Pochette of Bear 43
くまさんポシェット

Square Cap 44
スクエアキャップ

Bon-Bon Hood 45
ボンボン頭巾

Hand-Knitted Toys 46
手編みのおもちゃ

Baby Bottle & Diaper Case 47
哺乳瓶とおむつのケース

Baby Card 48
ベビーカード

編み出しレースについて 49
掲載作品の作り方 50
編み物の基礎 78

はじめに

手作りは優しさ‥‥
想いを込めたひと針ひと針で
愛情いっぱいに
赤ちゃんを包みましょう。

未来を思う気持ちの中で編む
ベビーニット‥‥
とても贅沢な時間です。

ベビーなので
小さなニットです。

作る楽しさを味わいながら
作りましょう。

編み出しレース

うまれてくる赤ちゃんのため
うまれた赤ちゃんのために‥‥

編み物がはじめての人にでも
簡単に作れるように‥‥

考えたのが「編み出しレース」です。

　くさり編みを編んだけど
　針をどこに入れていいのかが
　わからなくなる‥1段め。

1段めがなくても編めるのが
「編み出しレース」です。

レースの穴に針を入れて
糸をかけて編んでいくので簡単です。

編み出しレースがあれば、
編み物がはじめてでも大丈夫！

さあ、赤ちゃんのために
編みはじめましょう！

手作りのベビーニット‥‥
赤ちゃんに伝わるものはいっぱい‥‥

王子さまになって

赤ちゃんはだれもが
王子さま、お姫さま…
はじめてでも大丈夫
ニットで迎えてあげましょう。

Crown クラウン

Cape ケープ

First Shose ファーストシューズ

How to Make　クラウン:P.19　●ケープ:P.50　●ファーストシューズ:P.12

♛ *Cape*

ケープは広げると
ブランケットに早変わり…
1枚あれば、とっても便利
大きくなっても使えます。

How to Make ♛ ケープ：P.50

♛ *Garland*
ガーランド

三角に編んだガーランド
壁に貼るだけで
ベビールームが華やかに…

How to Make ♛ ガーランド：P.53

うまれてくる赤ちゃんのために
はじめて編むファーストシューズ
編み出しレースで編むから
とってもカンタン！

How to Make ファーストシューズ：P.12

Crown
クラウン

赤ちゃんはだれもが主人公
うまれてきたら
ストーリーが始まります…
王冠をのせてあげましょう。

P10 First Shose

ファーストシューズ

■毛糸■
[ハマナカねんね] 中細毛糸
白(1) 25g

■針■
かぎ針 6号
かぎ針 3号
とじ針

■その他■
編み出しレース(テープ)
12cm(5穴)

■ゲージ■
細編み 10cm角
(2本どり)
23目 25段

■完成図・サイズ■

編み図

[本体：2枚] ＊①〜⑭段：かぎ針6号(2本どり)、⑮⑯段：かぎ針3号(1本どり)

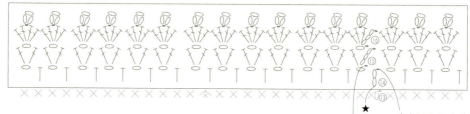

糸をつける(1本どり)　糸を切る(2本どり)

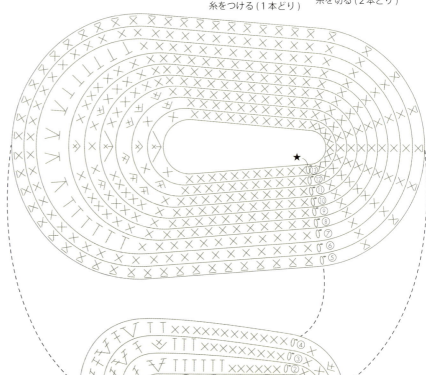

本体の目の増減の仕方		
14〜16	編み図参照	
13	−2	→ 32
12	−3	→ 34
11	−6	→ 37
10	−2	→ 43
9	−2	→ 45
8	−1	→ 47
7	−4	→ 48
6	±0	→ 52
5	±0	→ 52
4	+8	→ 52
3	+6	→ 44
2	+6目	→ 38
1段め		32目
編み出しレース5穴		

[ひも：2本] スレッドコード36cm
＊かぎ針3号(1本どり)

編みはじめ

12

まずはじめに・・・

糸の取り出し方

毛糸の中心に指を入れ、中心の毛糸をつまみます。

ひとかたまり、取り出します。

糸端を探します。

針と糸の持ち方

左手に糸を写真のようにかけます。

人さし指を立てて、糸端を親指と中指でつまみます。

針は右手でえんぴつを持つように持ちます。

1 1段めを編みます

くさり編みの編み方 ❸▶❹

編み出しレース5穴分

❶
糸を2本どりにし、編み出しレースの右端の穴に針を入れ、糸をかけます。

❷
編み出しレースの穴から糸を引き出します。

❸
針に糸をかけます。

くさり編みの編み方 ⓿

❹
引き抜きます。くさり編みが1目できました。（立ち目です）

細編みの編み方 ❺▶❼

❺
同じ穴に針を入れ、糸をかけます。

❻
❺を引き出し、針に糸をかけます。

❼
一度に引き抜きます。細編みが1目できました。

13

中長編みの編み方 ❾▶⓬

❽ くさり編み、細編みを編み図の通りに繰り返し、端まで編みます。

❾ 糸をかけます。

❿ 穴に針を入れ、糸をかけます。

⓫ ❿を引き出し、針に糸をかけます。

中長編みの編み方

⓬ まとめて引き抜きます。中長編みが1目できました。

⓭ 編み図の通りに1段めの終わりまで編みます。

引き抜き編みの編み方 ⓮▶⓯

⓮ 最初の細編みの目に針を入れ、糸をかけます。

⓯ 一度に引き抜きます。引き抜き編みができました。

2 4段まで編みます

⓰ 1段めが編めました。

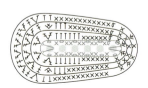

❶ 編み図の通りに長編みの手前まで編みます。

長編みの編み方 ❷▶❻

❷ 針に糸をかけます。

長編みの編み方

❸ 次の目に針を入れ、糸をかけます。

❹ ❸を引き抜き、針に糸をかけます。

❺ 針にかかっている2本を引き抜き、糸をかけます。

❻ 一度に引き抜きます。長編みが1目できました。

14

長編み2目編み入れるの編み方

⑦ 同じ目に長編みをさらに1目編みます。長編み2目編み入れるができました。

⑧ 編み図の通りに細編み2目編み入れるの手前まで編みます。

細編み2目編み入れるの編み方

⑨ 次の目に細編みを2目編みます。細編み2目編み入れるができました。

⑩ 3段めが編めました。

⑪ 編み図の通りに4段めを中長編み2目編み入れるの手前まで編みます。

中長編み2目編み入れるの編み方

⑫ 次の目に中長編みを2目編みます。中長編み2目編み入れるができました。

⑬ 編み図の通りに編み、4段めが編めました。

3 5段めを編みます

細編みのすじ編みの編み方

① くさり1目(立ち目)を編みます。

② 次の目の向こう側半目に針を入れます。

③ 細編みを編みます。細編みのすじ編みが1目できました。

④ 繰り返して1段編みます。

4 13段まで編みます

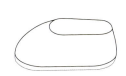

① 編み図の通りに6・7段めを編みます。

中長編み2目一度の編み方

② 針に糸をかけます。

③ 次の目に針を入れ、糸をかけます。

中長編み2目一度の編み方

4 ❸を引き抜き、糸をかけます。

5 次の目に針を入れ、糸をかけます。

6 ❺を引き抜きます。

7 糸をかけ、一度に引き抜きます。中長編み2目一度ができました。

細編み2目一度の編み方 ⑩▶⑭

8 編み図の通りに編み、7段めが編めました。

9 編み図の通りに8段めを編みます。

10 次の目に針を入れ、糸をかけます。

11 ❿を引き抜きます。

細編み2目一度の編み方

12 次の目に針を入れ、糸をかけます。

13 ⓬を引き抜き、糸をかけます。

14 一度に引き抜きます。細編み2目一度ができました。

15 編み図の通りに編み、8段めが編めました。

細編み3目一度の編み方 ⑰▶㉓

16 編み図の通りに9・10段めを編みます。

17 次の目に針を入れ、糸をかけます。

18 ⓱を引き抜きます。

19 次の目に針を入れ、糸をかけます。

細編み3目一度の編み方

⑲を引き抜きます。

さらに次の目に針を入れ、糸をかけます。

㉑を引き抜きます。

糸をかけ、一度に引き抜きます。細編み3目一度ができました。

5 14段めを編みます

編み図の通りに13段まで編みます。

くさり3目（立ち目）を編み、長編みを編みます。

② くさり1目を編み、1目おきに長編みを編みます。

1周し、はじめのくさり編みに針を入れます。

引き抜き編みをします。14段めができました。

糸を切り、ループを引き抜きます。

6 16段まで編みます

針を3号にし、糸を1本どりにして引き出します。

くさり3目（立ち目）を編み、前段を束にすくって長編みを編みます。

編み図の通りに編みます。

15段めができました。

5
16段めを編みます。前段を束にすくいます。

6
引き抜き編みをします。

7
くさり3目(立ち目)を編み、長編みを編みます。

ピコット編みの編み方 8 ▶ 10

8
くさり3目を編みます。

ピコット編みの編み方

9
くさり編みの下の目の手前2本に針を入れます。

10
糸をかけ、一度に引き抜きます。ピコット編みができました。

11
続けて編み図の通りに編みます。

12
本体ができました。

7 ひもをつけます

スレッドコードの編み方 1 ▶ 4

1
作り目をします。
＊糸端側(★)を作りたいコードの長さの3倍程とっておきます。

2
糸端側(★)を手前から針の向こうにかけます。

3
針に糸をかけます。

スレッドコードの編み方

4
針にかかっている2本を引き抜きます。

5
2〜4を繰り返し、36cm編みます。

6
14段めに交互に通します。

7
リボン結びをして、できあがりです。同様に反対側も作ります。

P11 Baby's Crown

ベビー王冠

■毛糸■
[ハマナカねんね] 中細毛糸
白(1) 15g

■針■
かぎ針 6号
とじ針

■その他■
編み出しレース(テープ)
40cm (36穴)
サテンリボン
白（0.3cm幅）70cm

■ゲージ■
細編み 10cm角
（2本どり）
23目 25段

■完成図・サイズ■

4.5cm
41cm

編み図

[本体：1枚]

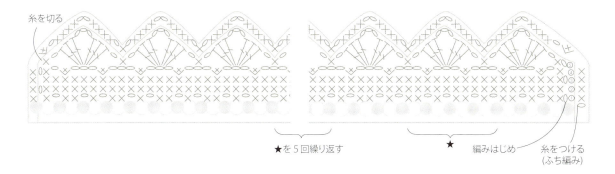

★を5回繰り返す　　★編みはじめ　糸をつける（ふち編み）

編み出しレース40cm36穴分(89目)
＊1段目の細編みは穴に編みつける。

本体の目の増やし方

段	増減	目数
6	+13	→146
5	+22	→133
4	+22	→111
2〜3	±0目	→89
1段め		89目
編み出しレース36穴		

1 1段めを編みます

編み出しレース36穴分

① 糸を2本どりにし、編み出しレースの右端の穴に針を入れ、糸を引き出します。

② くさり1目（立ち目）を編み、同じ穴に細編みを2目編みます。

③ くさり編みを1目編みます。

19

2 3段まで編みます

次の穴に細編みを2目編みます。

くさり編み、細編みを編み図の通りに繰り返し、端まで編みます。

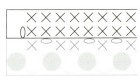

くさり1目（立ち目）を編み、細編みを編みます。

3 4段めを編みます

細編みで往復し、3段まで編みます。

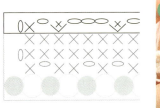

くさり1目（立ち目）を編み、細編みを編みます。

くさり1目を編み、1目あけて細編み2目編み入れるを編みます。

4 5段めを編みます

くさり3目を編み、3目あけて細編み2目編み入れるを編みます。

同様に、編み図の通りに端まで編みます。4段めができました。

くさり1目（立ち目）、細編み、くさり1目を編みます。

長編み3目編み入れるの編み方

前段のくさり編みを束にくって長編みを編みます。

同じところに長編みをさらに2目編みます。長編み3目編み入れるができました。

くさり3目を編み、❸と同じところに長編み3目編み入れます。

くさり1目を編み、前段のくさり編みを束にすくって細編みを編みます。

5 ふち編みをします

⑥ 同様に、編み図の通りに端まで編みます。5段めができました。

① 編み出しレースの端の穴に針を入れます。

② 糸を2本どりにしてかけ、引き出します。

③ 端の目を拾いながら5目細編みします。

④ 角の目に細編み2目編み入れるを編み、くさり1目を編みます。

⑤ 細編みを4目編みます。4目めは前段のくさり編みを束に拾って編みます。

⑥ くさり2目を編みます。

⑦ ⑤と同じところに細編みを編みます。

⑧ 細編みを3目編みます。

⑨ くさり1目を編み、細編みを編みます。

⑩ 編み図の通りに繰り返し、反対側の端まで編みます。

6 リボンをつけます

① 編み出しレースの穴にリボンを通します。

② [後ろ]

[前]

輪にしてリボン結び、できあがりです。

21

String shoes
ひもぐつ

編み出しレースで
編みはじめるからカンタン！
白との組み合わせで
好きな色で作りましょう。

How to Make ひもぐつ：P.23

P22 ♛ String shoes　　　　　　　　　　ひもぐつ

■毛糸■
[ハマナカねんね] 中細毛糸
<ピンク>ピンク(5) 25g
<ブルー>ブルー(8) 25g
<共通>白(1) 各5g

■針■
かぎ針 6号・3号
とじ針

■その他■
編み出しレース(テープ)
各12㎝(5穴)

■ゲージ■
長編み 10㎝角
(2本どり)22目 10段

完成図・サイズ

5cm
5.5cm
底
10cm

編み図

[本体：2枚] ＊かぎ針6号(2本どり)

本体の目の増やし方

段	増やし目	目数
5〜21	編み図参照	
4	+8	→ 52
3	+6	→ 44
2	+6目	→ 38
1段め		32目

編み出しレース 5穴

[本体べろ]

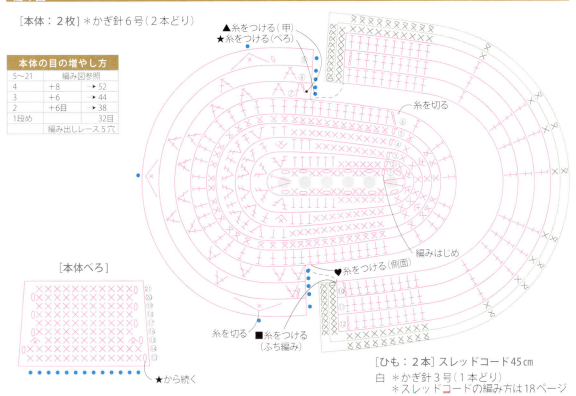

[ひも：2本] スレッドコード 45㎝
白 ＊かぎ針3号(1本どり)
＊スレッドコードの編み方は18ページ

1　1段めを編みます

編み出しレース 5穴分

①　糸を2本どりにし、編み出しレースの右端の穴に針を入れ、糸を引き出します。

②　くさり1目(立ち目)を編み、同じ穴に細編みを編みます。

③　くさり編み、細編み・中長編みを編み図の通りに繰り返し、1周編みます。

2 4段まで編みます

編み図の通りに編みます。

3 9段まで編みます

① 編み図の通りに6段まで編み、糸を切って引き抜きます。

② 糸を2本どりにし、編み図の▲の目に針を入れ、引き出します。

③ くさり2目（立ち目）、長編み、長編み2目一度を編みます。

④ 編み図の通りに端まで編みます。7段めができました。

⑤ 8段めは、折り返して裏を見ながら編みます。

⑥ 同様に、折り返して9段まで編み、糸を切ります。

4 かかとの上部を編みます

① ♥の目に針を入れます。

② 糸を引き出し、編み図の通りに編みます。

③ 反対側の端まで編みます。

④ 最後の目は▲の目に編みます。

⑤ 糸を切ります。

5 ベロを編みます

1. 糸を2本どりにし、編み図の★の目に針を入れ、引き出します。

2. 端の段と目を拾いながら5目細編みします。(●)

3. 9段めに3目細編みし、反対側の端の目を拾いながら5目細編みします。(●)

4. 編み図の通りに8段編み、糸を切ります。

6 縁編みをします

1. ■の目に針を入れ、別糸(白)を2本どりにして持ちます。

2. ①を引き抜き、細編みを編みます。

3. 編み図の通りに反対側まで編みます。

バック細編みの編み方 ④▶⑦

4. くさり1目(立ち目)を編み、1目右側に針を入れます。

5. 糸をかけます。

6. 引き抜きます。

7. 糸をかけ、一度に引き抜きます。バック細編みができました。

7 ひもをつけます

8. 同様に、1目右側に戻って編みます。

9. 反対側の端まで編み、糸を切ります。

45cmのスレッドコードを作り、編み目に通して結び、できあがりです。
*スレッドコードの作り方は18ページ

First Cap
はじめての帽子

編み出しレースで
上から編んでいきます。
女の子はレースにリボンを…
男の子はしぼってボンボンを…

How to Make はじめての帽子：＜ピンク＞P.27、＜ピンク＞P.52

First Cap

はじめての帽子

■毛糸■
[ハマナカねんね] 中細毛糸
ピンク(5) 45g
白(1) 5g

■針■
かぎ針 6号
とじ針

■その他■
編み出しレース(テープ)
32cm (30穴)
サテンリボン
白 (0.3cm幅) 48cm

■ゲージ■
長編み 10cm角
(2本どり)
22目 10段

完成図・サイズ

※ブルーの帽子の作り方はP.52

編み図

本体の目の増やし方

段	増減	目数
14～19	±0	→ 100
13	+10	→ 100
12	+10	→ 90
11	+10	→ 80
10	+10	→ 70
9	±0	→ 60
8	+10	→ 60
7	±0	→ 50
6	+10	→ 50
5	±0	→ 40
4	+10	→ 40
2～3	±0目	→ 30
1段め		30目
編み出しレース30穴		

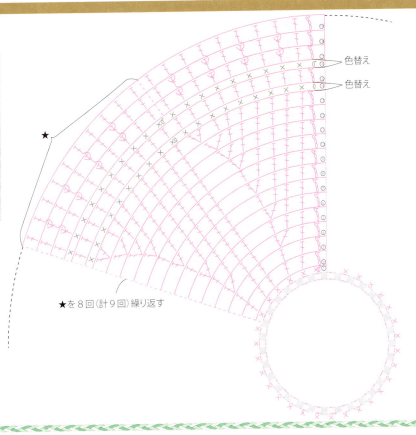

★を8回(計9回)繰り返す

色替え
色替え

1 1段めを編みます

編み出しレース30穴分

糸を2本どりにし、編み出しレースの右端の穴に針を入れ、糸を引き出します。

くさり1目(立ち目)を編み、同じ穴に細編みを編みます。

隣の穴に細編みを編みます。

27

2 3段まで編みます

④ 端まで細編みで編みます。

⑤ 始めの細編みの目に針を入れます。

⑥ 引き抜き編みをします。1段めができました。

3 13段まで編みます

① くさり3目（立ち目）を編みます。

② 次の目に長編みを編みます。

③ 編み図の通りに3段まで編みます。

① くさり3目（立ち目）を編み、次の目に長編みを編みます。

② 次の目に長編み2目編み入れるを編みます。

③ 長編み、長編み2目編み入れるを繰り返して編みます。

④ 1周して始めの目に引き抜き編みをし、4段めができました。

色替えの仕方 ⑥▶⑧

⑤ 同様に、編み図の通りに13段めの引き抜き編みの手前まで編みます。

⑥ 13段めの始めの目に針を入れ、糸を向こう側にかけます。

⑦ 別糸（白）を2本どりにして持ち、糸をかけます。

⑧ 一度に引き抜きます。色替えができました。

4 17段まで編みます

① くさり1目（立ち目）を編み、細編みをします。

② 細編みで引き抜き編みの手前まで編みます。

③ 始めの目に針を入れ、糸を向こう側にかけます。

④ 糸（ピンク）を2本どりにして持ち、糸をかけます。

⑤ 一度に引き抜きます。

⑥ 同様に、1段ごとに糸を替えながら、編み図の通りに17段まで編みます。

5 19段まで編みます

長編みの表引き上げ編みの編み方 ❷▶❸

① くさり3目（立ち目）を編みます。

② 前段の長編みの足に針を入れます。

③ 糸をかけ、長編みを編みます。長編みの表引き上げ編みができました。

④ 長編みを編みます。

6 リボンをつけます

⑤ ❷～❹を繰り返して1周し、はじめの目に引き抜き編みをし、糸を切ります。

① リボンを4段めの編み目に交互に通します。

② [前] [後ろ] 先をしぼってリボン結びをし、できあがりです。

Angel's Cap and Shoes
天使の帽子と靴

小さな羽がかわいい
天使シリーズ。
白1色で編んで…
ゴールドの刺しゅう糸でステッチ。

How to Make　天使の帽子：P.55　天使の靴：P.54

Angel's Vest
天使のベスト

ベストの背中にも
かわいい羽がついています。
1枚あるととっても便利な
長く着られるベストです。

How to Make 天使のベスト：P.56

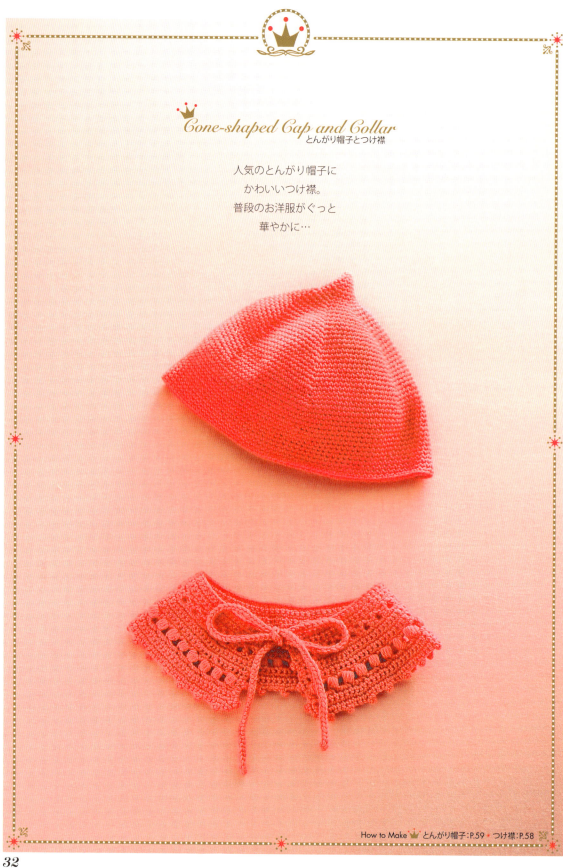

Cone-shaped Cap and Collar
とんがり帽子とつけ襟

人気のとんがり帽子に
かわいいつけ襟。
普段のお洋服がぐっと
華やかに…

How to Make　とんがり帽子:P.59 ● つけ襟:P.58

Cone-shaped Cap and Bow Tie
とんがり帽子と蝶ネクタイ

グレーのとんがり帽子に
グレーの蝶ネクタイ
ちょっとしたパーティや
およばれに…

How to Make とんがり帽子：P.59＊蝶ネクタイ：P.77

小さな蜂がついた
くまさん帽子と
くまさんのあみぐるみ
とってもちょうどよいサイズ！

How to Make 帽子：P.60・あみぐるみ：P.62

Bear Set
くまさんセット

くまさんを連れて
くまさんになっておでかけ！
小さな蜂が
かわいさをアップします。

♛ *Rabbit Set*
うさぎさんセット

ピンクのうさぎさん
ちょっと大きめな耳がポイント！
お花がたくさんついているのが
かわいいですね。

37

女の子のおでかけ

Floral Bonnet
お花のボンネット

女の子はオシャレが大好き。
カラフルなお花がたくさんついた
小さなボンネット。
お姫さまになった気分で…

How to Make　お花のボンネット:P.64

Floral Bag
お花のバッグ

バッグが大好きな女の子。
お花をいっぱいつけたバッグです。
小さなハンカチを入れて
おでかけしましょう！

How to Make　お花のバッグ：P.65

男の子のおでかけ

ベスト

1枚あると便利！
どんな服にも合う
紺色のベスト…
グレーの編み上げがポイント！

How to Make 編み上げベスト：P.66

Pochette of Watermelon
すいかポシェット

すいかの形の
かわいいポシェットです。
お菓子やハンカチを入れて…
おでかけしましょう。

How to Make　すいかポシェット：P.68

Pochette of Bear
くまさんポシェット

スマイルフェイスの
黄色のくまさんポシェット！
いつでもどこでも…
一緒がいいですね。

How to Make くまさんポシェット：P.69

Square Cap
スクエアキャップ

輪にして編むだけの
スクエアキャップは
かぶるとかわいい形になります。
グレーに紺のボンボンがポイント！

How to Make スクエアキャップ：P.70

まっすぐ編んで、
後ろの脇をとじただけ！
かわいい頭巾型の帽子です。
お外で遊ぶのにぴったり！

How to Make ボンボン頭巾：P.71

Hand-Knitted Toys
手編みのおもちゃ

ニットのにぎにぎは
にぎった風合いがいいのが特徴です。
丸いのと握りやすいのと
セットでプレゼントもいいですね。

How to Make ニットおもちゃ:P.72

Baby Bottle & Diaper Case
哺乳瓶とおむつのケース

編み出しレースで作ります。
丸いレースで哺乳瓶ケース
ひも状レースでおむつケース
どちらもカンタンです。

How to Make ♛ おむつケース：P.75 ● 哺乳瓶ケース：P.74

Baby Card
ベビーカード

ベビーアイテムは
それだけでかわいい…
小さく編んで
カードに貼っても！

How to Make ベビーカード:P.76

編み出しレースについて

編み出しレースは
はじめての人が、一番はじめに難しいと思う
「くさり編みから編み出す」のを
簡単にできるようにした、便利なレースです。
編み上がりも、レースが少し見えて、
素敵な雰囲気なるのがいいですね。

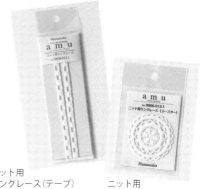

ニット用
リングレース（テープ）
H906-012-1

ニット用
リングレース（モチーフ）
H906-013-1

編み出しレースがないときは・・・

[テープタイプの編み出しレースがないとき]

1段めの目数に合わせたくさり編みの作り目をして編みます。

● 輪に編む場合

 ▶

6目　　くさり編み6目

● 往復に編む場合

 ▶

8目　　くさり編み8目

[モチーフタイプの編み出しレースがないとき]

わの作り目から底を作り、側面を編みます。

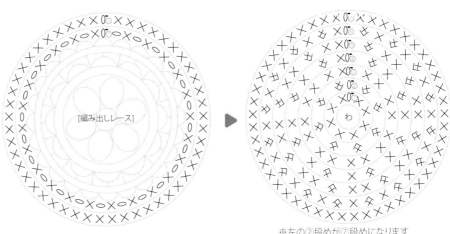

※左の②段めが⑦段めになります。

49

Cape ケープ

毛糸
[ハマナカねんね] 中細毛糸
白 (1) 180g
水色 (7) 40g

その他
編み出しレース (テープ) 70cm (66穴)
サテンリボン 白 (1.3cm幅) 130cm

針
かぎ針 6号
とじ針

ゲージ
模様編み 10cm角
(2本どり)
26目 28段

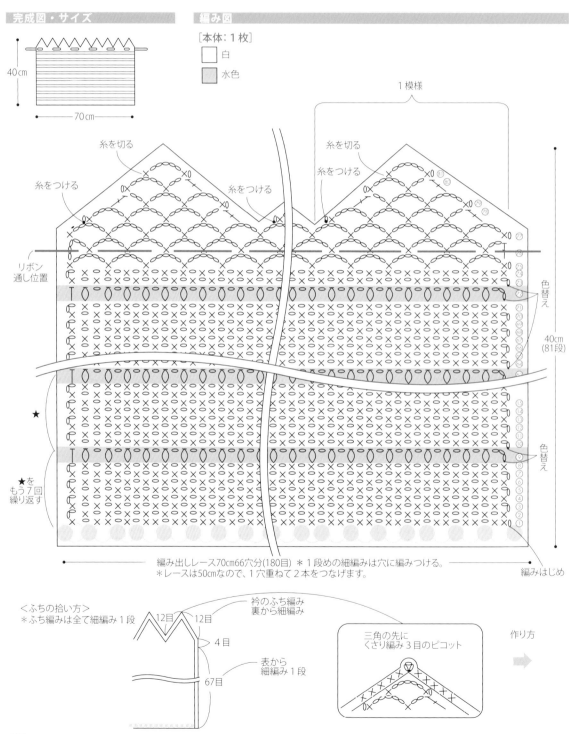

P7 ♛ Floral Cape

お花のケープ

┃毛糸┃
[ハマナカねんね]中細毛糸
ピンク(5) 10g
白(1)・黄(4) 各適量

┃その他┃
ソフトチュール ピンク110×240cm
サテンリボン 白(1.3cm幅) 150cm

┃針┃
かぎ針 3号
とじ針

┃ゲージ┃
花大・中 直径3cm
花小 直径2.5cm

完成図・サイズ

作り方

① 本体を3枚重ねて、半分に折ります。

② リボン通し口を縫います。

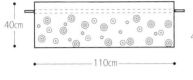

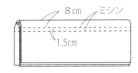

③ モチーフを編み、つけ、リボンを通して前で結び、できあがりです。

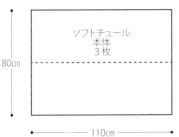

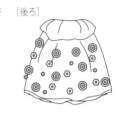

編み図

[花大:14枚]　ピンク／黄
[花中:8枚]　ピンク／白
[花小:8枚]　ピンク

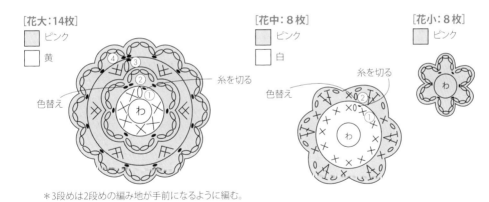

*3段めは2段めの編み地が手前になるように編む。

作り方

① 本体を2本どりで編み、リボンを通します。

② しぼって前で結び、できあがりです。

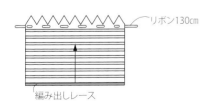

P7  Tiara　　　　　　　　　　　　　　　　　　　　ティアラ

■ 毛糸 ■
[ハマナカねんね] 中細毛糸
ピンク(5)15g

■ その他 ■
編み出しレース(テープ) 40cm(36穴)
パールビーズピンク(直径0.4cm)11個
サテンリボンピンク(0.3cm幅) 80cm

■ 針 ■
かぎ針 6号
とじ針

■ ゲージ ■
細編み 10cm角
(2本どり)
23目25段

完成図・サイズ

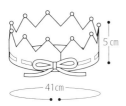

編み図

＊編み図は19ページ、Crownと同じです。

作り方

① 本体を2本どりで編み、パールビーズをつけます。

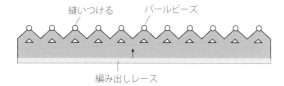

② リボンを通し、できあがりです。

P26  First Cap　　　　　　　　　　　　　　　　　はじめての帽子

■ 毛糸 ■
[ハマナカねんね] 中細毛糸
ブルー(8)45g
白(1)10g

■ その他 ■
編み出しレース(テープ)32cm(30穴)

■ 針 ■
かぎ針6号
とじ針

■ ゲージ ■
長編み 10cm角
(2本どり)
22目10段

完成図・サイズ

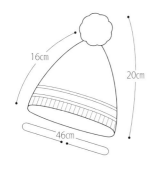

作り方

① 本体を2本どりで編みます。

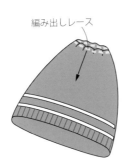

② ボンボンを作り、つけ、できあがりです。

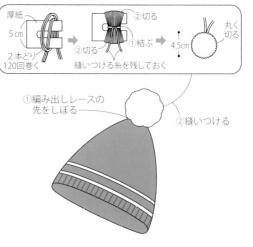

編み図

＊編み図は27ページ、First Capと同じです。

 ガーランド

毛糸
[ハマナカねんね] 中細毛糸
白(1)・ベージュ(3)・黄(4)・ピンク(5)・濃いピンク(6)・水色(7)
ブルー(8)・緑(9)・紫(10)・グレー(11)・ネイビー(12) 各5g ＊1枚分
〈つなぎ用糸〉白(1) 適量

針
かぎ針3号
とじ針

ゲージ
長編み 10cm角
25目11.5段

完成図・サイズ

編み図

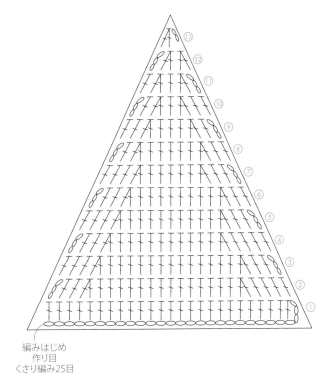

本体の目の増減の仕方

段	増減	目数
13	－2	→ 1
12	－2	→ 3
11	－2	→ 5
10	－2	→ 7
9	－2	→ 9
8	－2	→ 11
7	－2	→ 13
6	－2	→ 15
5	－2	→ 17
4	－2	→ 19
3	－2	→ 21
2	－2	→ 23
1段め	±0目	→ 25目
作り目	くさり編み25目	

編みはじめ
作り目
くさり編み25目

作り方

❶ パーツを編みます。　❷ つなげて、できあがりです。

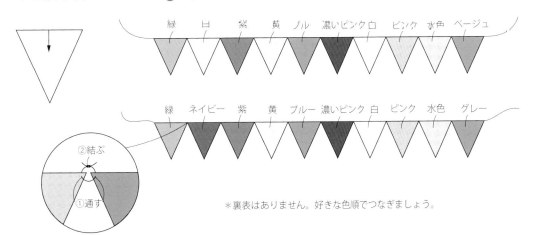

＊裏表はありません。好きな色順でつなぎましょう。

53

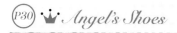

天使の靴

■毛糸■
[ハマナカねんね] 中細毛糸
白(1) 30g

■その他■
25番刺しゅう糸 ゴールド 適量
とじ針

■針■
かぎ針 3号

■ゲージ■
細編み 10cm角
30目 34段

■編み図

[本体：2枚]　＊[羽]の編み図は59ページ

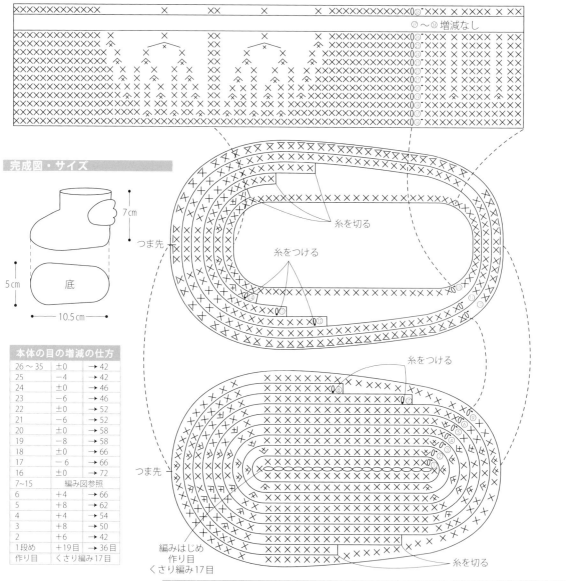

本体の目の増減の仕方		
26～35	±0	→ 42
25	−4	→ 42
24	±0	→ 46
23	−6	→ 46
22	±0	→ 52
21	−6	→ 52
20	±0	→ 58
19	−8	→ 58
18	±0	→ 66
17	−6	→ 66
16	±0	→ 72
7～15	編み図参照	
6	+4	→ 66
5	+8	→ 62
4	+4	→ 54
3	+8	→ 50
2	+6	→ 42
1段め	+19目	→ 36目
作り目	くさり編み17目	

■作り方

❶ 本体と羽を編み、羽を作ります。

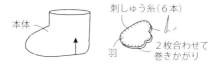

❷ 本体に羽をつけ、できあがりです。

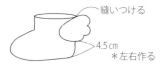

＊左右作る

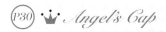 Angel's Cap 天使の帽子

■ 毛糸 ■
[ハマナカねんね] 中細毛糸
白(1) 40g

■ その他 ■
25番刺しゅう糸 ゴールド 適量

■ 針 ■
かぎ針 3号
とじ針

■ ゲージ ■
細編み 10cm角
30目 34段

完成図・サイズ

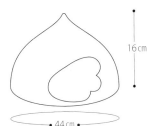

16cm
44cm

編み図

[本体：1枚]
＊[羽]の編み図は58ページ

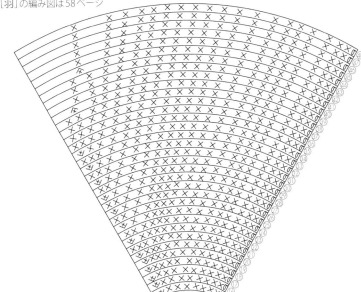

＊ここまでを
もう5回
繰り返す

本体の目の増減の仕方

段	増減	目数
44〜48	±0	→ 114
43	−6	→ 114
40〜42	±0	→ 120
39	−6	→ 120
35〜38	±0	→ 126
34	±0	→ 126
33	±0	→ 120
32	+6	→ 120
31	±0	→ 114
30	+6	→ 114
29	±0	→ 108
28	+6	→ 108
27	±0	→ 102
26	+6	→ 102
25	±0	→ 96
24	+6	→ 96
23	±0	→ 90
22	+6	→ 90
21	±0	→ 84
20	+6	→ 84
19	+6	→ 78
18	+6	→ 72
17	+6	→ 66
16	+6	→ 60
15	+6	→ 54
14	+6	→ 48
13	+6	→ 42
12	+6	→ 36
11	+6	→ 30
10	+6	→ 24
9	+3	→ 18
8	±0	→ 15
7	+3	→ 15
6	±0	→ 12
5	+3	→ 12
4	±0	→ 9
3	+3	→ 9
2	±0目	→ 6目
1段め	わの中に細編み6目	

作り方

❶ 本体と羽を編み、羽を作ります。

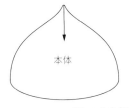

本体

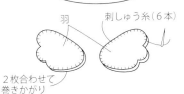

羽
刺しゅう糸(6本)
2枚合わせて
巻きかがり

❷ 本体に羽をつけ、できあがりです。

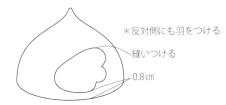

＊反対側にも羽をつける
縫いつける
0.8cm

Angel's Vest 天使のベスト

┃毛糸┃
[ハマナカねんね] 中細毛糸
ネイビー (12) 130g
グレー (11) 適量

┃その他┃
25番刺しゅう糸 ゴールド 適量

┃針┃
かぎ針 3号
とじ針

┃ゲージ┃
模様編み
26目 10cm
1模様 6段 2.8cm

完成図・サイズ

60	－2	→ 26
59	－29	→ 28
44〜58	±0	→ 57
43	－2	→ 57
42	－2	→ 59
41	－2	→ 61
40	－2	→ 63
39	－2	→ 65
38	－2	→ 67
37	－4	→ 69
1〜36段め	±0目	→ 73
作り目	くさり編み73目	

後ろ身頃の目の増減の仕方

[羽：左右各2枚]
*編み図は58ページ

編み図

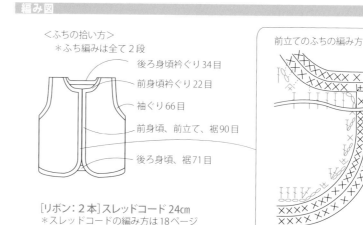

[リボン：2本] スレッドコード 24cm
*スレッドコードの編み方は18ページ

[後ろ身頃：1枚]

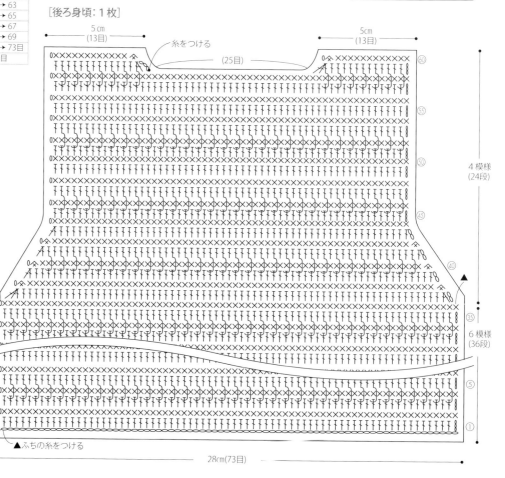

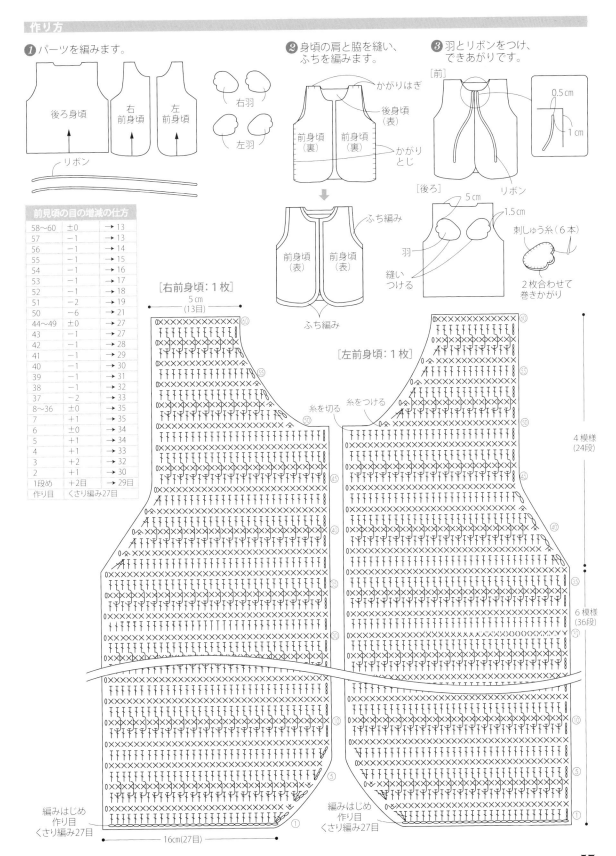

P30 Angel's Cap　P31 Angel's Vest　編み図

[羽:左右各2枚]

羽の目の増減の仕方		
7～11	編み図参照	
6	+4	→ 54
5	+8	→ 50
4	+4	→ 42
3	+8	→ 38
2	+6	→ 30
1段め	+13目	→ 24目
作り目	くさり編み11目	

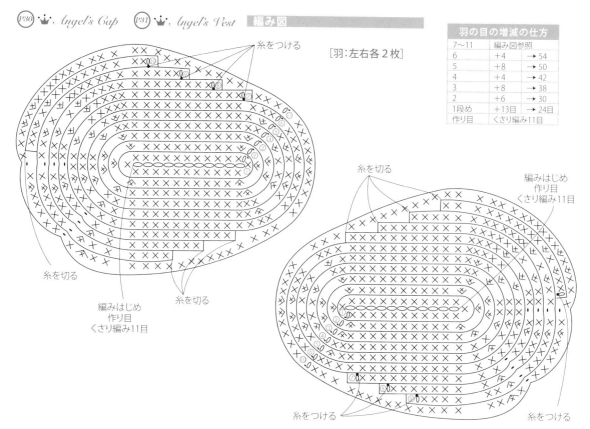

P32 Collar

■毛糸■
[ハマナカねんね]中細毛糸
濃いピンク(6) 15g

■針■
かぎ針 3号
とじ針

■ゲージ■
細編み10cm角
30目34段

完成図・サイズ

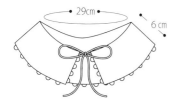

編み図

[リボン:2本] スレッドコード 24cm
＊スレッドコードの編み方は18ページ

[衿:1枚]

衿の目の増減の仕方		
14	±0	→ 116
13	+8	→ 116
11・12	±0	→ 108
10	+8	→ 108
8・9	±0	→ 100
7	+8	→ 100
5・6	±0	→ 92
4	+10	→ 92
1～3段め	±0目	→ 82
作り目	くさり編み82目	

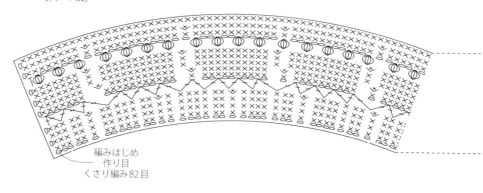

 Angel's Shoes

編み図

[羽:左右各2枚]

羽の目の増減の仕方		
4・5	編み図参照	
3	+5	→28
2	+5	→23
1段め	+10目	→18目
作り目	くさり編み8目	

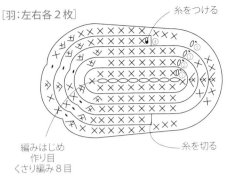

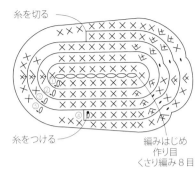

P32 P33 ♛ Cone - shaped Cap

とんがり帽子

毛糸
[ハマナカねんね] 中細毛糸
〈女の子〉濃いピンク (6) 25g
〈男の子〉グレー (11) 25g

針
かぎ針 3号
とじ針

ゲージ
細編み10㎝角
30目34段

完成図・サイズ

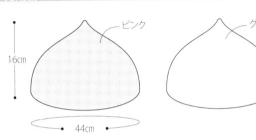

編み図・作り方
＊編み図・作り方は55ページ、Angel's Cap [本体] と同じです。

つけ襟

作り方
❶ 衿を編み、リボンをつけ、できあがりです。

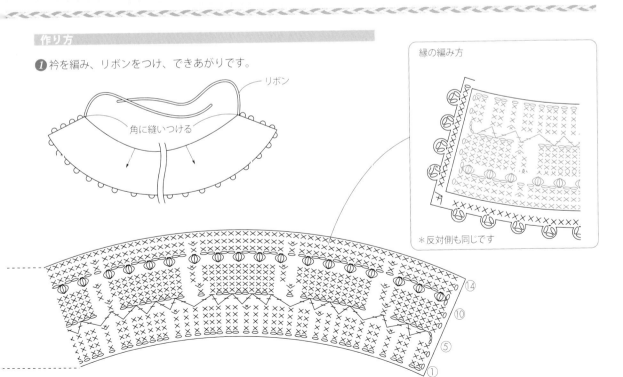

P34 ♛ Bear Set (Cap)

帽子

■ 毛糸 ■
[ハマナカねんね]中細毛糸
ベージュ（3）30g
白（1）・黄（4）各適量

■ 針 ■
かぎ針3号
とじ針

■ ゲージ ■
長編み10cm角
25目11.5段

完成図・サイズ

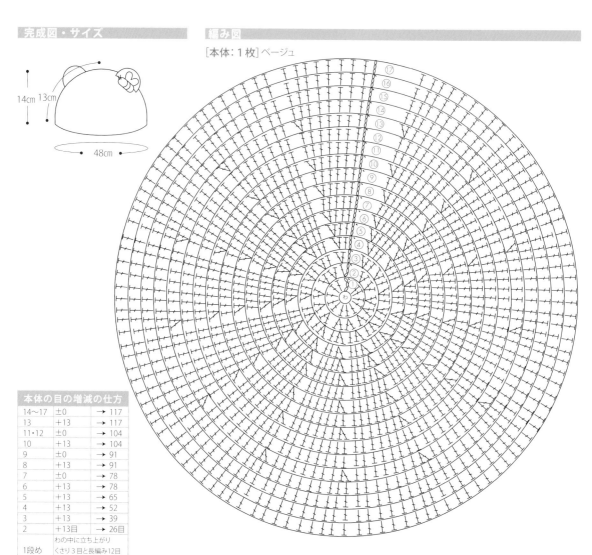

[本体：1枚]ベージュ

本体の目の増減の仕方

段	増減	目数
14〜17	±0	→ 117
13	+13	→ 117
11・12	±0	→ 104
10	+13	→ 104
9	±0	→ 91
8	+13	→ 91
7	±0	→ 78
6	+13	→ 78
5	+13	→ 65
4	+13	→ 52
3	+13	→ 39
2	+13目	→ 26目
1段め	わの中に立ち上がりくさり3目と長編み12目	

作り方

❶ 本体と耳を編みます。

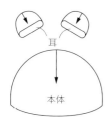

❷ 本体に耳をつけます。

❸ 蜂を作り、つけ、できあがりです。

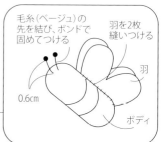

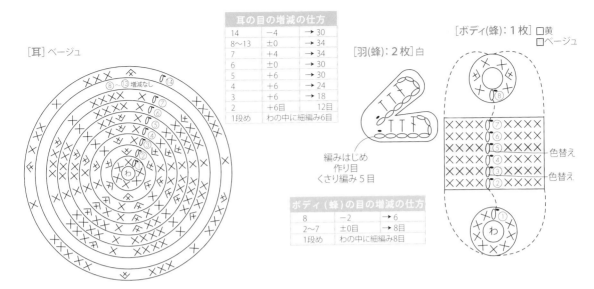

P35 Rabbit Set (Cap) 帽子

毛糸
[ハマナカねんね]中細毛糸
ピンク(5)25g
白(1)・黄(4)・濃いピンク(6)・緑(9)・紫(10) 各適量

針 かぎ針 3号 とじ針

ゲージ 細編み10cm角 25目11.5段

作り方

❶ 本体と耳を編みます。
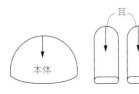

❷ 本体に耳をつけます。

❸ 花と葉を編み、つけ、できあがりです。

P34 Bear

あみぐるみ

■毛糸	■その他	■針	■ゲージ
[ハマナカねんね]中細毛糸 黄 (4) 25g 白 (1)・ベージュ (3) 各適量	25番刺しゅう糸 こげ茶 少々 手芸綿 適量	かぎ針 6号 かぎ針 3号 とじ針	細編み10cm角 (2本どり) 23目25段

完成図・サイズ

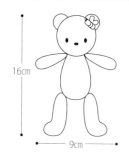

16cm × 9cm

編み図

*頭、耳、ボディ、手、足はかぎ針6号(2本どり)
*蜂(羽・ボディ)はかぎ針3号(1本どり)
*作り方はRabbitと共通

[頭:1枚] 黄・ピンク

[ボディ:1枚] 黄・ピンク

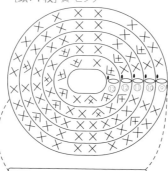

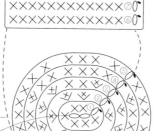

頭の目の増減の仕方

13	−6	→ 8
12	−6	→ 14
11	±0	→ 20
10	−4	→ 20
5〜9	±0	→ 24
4	+4	→ 24
3	+8	→ 20
2	+6	→ 12
1段め	+4目	6目
作り目	くさり編み2目	

[足:2枚] 黄・ピンク

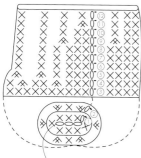

編みはじめ
作り目
くさり編み3目

*これをもう1回繰り返す

編みはじめ
作り目
くさり編み2目

[手:2枚] 黄・ピンク

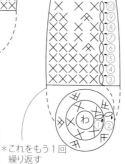

[ボディ(蜂):1枚] ベージュ

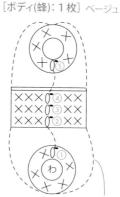

*これをもう1回繰り返す

ボディの目の増減の仕方

13	−2	→ 8
12	−4	→ 10
11	±0	→ 14
10	−4	→ 14
9	±0	→ 18
8	−4	→ 18
5〜7	±0	→ 22
4	+4	→ 22
3	+8	→ 18
2	+6目	→ 12目
1段め	わの中に細編み6目	

[耳:2枚] 黄

耳の目の増減の仕方

3	±0	→ 9
2	+3目	→ 9目
1段め	わの中に細編み6目	

足の目の増減の仕方

12	±0	→ 7
11	−1	→ 7
10	±0	→ 8
9	−2	→ 8
6〜8	±0	→ 10
5	−2	→ 10
4	−2	→ 12
3	±0	→ 14
2	+6	→ 14
1段め	+5目	→ 8目
作り目	くさり編み3目	

手の目の増減の仕方

10	±0	→ 6
9	−2	→ 6
7・8	±0	→ 8
6	−2	→ 8
3〜5	±0	→ 10
2	+5目	→ 10目
1段め	わの中に細編み5目	

ボディ(蜂)の目の増減の仕方

2〜5	±0目	→ 5目
1段め	わの中に細編み5目	

[羽(蜂):2枚] 白

編みはじめ
作り目
くさり編み3目

P35 Rabbit　　　　　　　　　　　　　　　　　　　　　　　あみぐるみ

■ 毛糸 ■
[ハマナカねんね]中細毛糸
ピンク(5)25g
白(1)・黄(4)・濃いピンク(6)・緑(9)・紫(10) 各適量

■ その他 ■
25番刺しゅう糸 こげ茶 少々
手芸綿 適量

■ 針 ■
かぎ針 6号
かぎ針 3号
とじ針

■ ゲージ ■
細編み10cm角
(2本どり)
23目25段

完成図・サイズ

編み図
＊耳以外の編み図はBearと同じです。

＊耳はかぎ針6号(2本どり)
＊花・葉はかぎ針3号(1本)

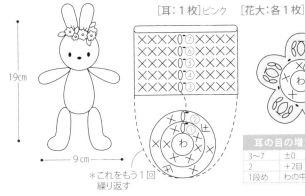

[花小:各1枚]黄・白

花の配色

花芯	花弁
白	黄
黄	白
黄	濃ピ
黄	紫

花芯
フレンチナッツステッチ
(白・黄2本)

[葉:4枚]緑

編みはじめ
作り目
くさり編み5目

耳の目の増減の仕方

3〜7	±0	→8
2	+2目	→8目
1段め	わの中に細編み6目	

作り方

① 本体のパーツを2本どりで編み、綿を入れます。

② パーツをつけ、顔を刺しゅうします。

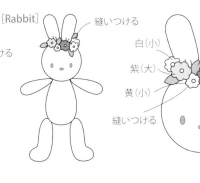

③ モチーフを作ります。

＊蜂の作り方は60ページと同じ

実物大図案
※目・鼻の実物大の図案はBear、Rabbit共通です。

④ モチーフをつけ、できあがりです。

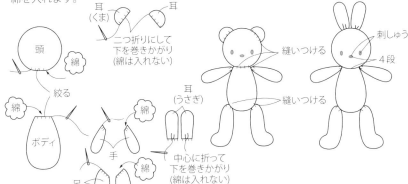

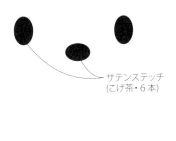

サテンステッチ
(こげ茶・6本)

P38 Floral Bonnet

お花のボンネット

■ 毛糸 ■
[ハマナカねんね] 中細毛糸
白(1) 10g
黄(4)・ピンク(5)・濃いピンク(6)・ブルー(8)・緑(9)・紫(10) 各適量

■ 針 ■
かぎ針 6号
かぎ針 3号
とじ針

■ ゲージ ■
細編み 10cm角
(2本どり)
23目 25段

完成図・サイズ

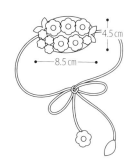

編み図

[本体：1枚] 白
＊かぎ針6号(2本どり)

本体の目の増減の仕方

5	+6	→ 40
4	±0	→ 34
3	+6	→ 34
2	+6	→ 28
1段め	+12目	22目
作り目	くさり編み10目	

編みはじめ
作り目
くさり編み10目

[ひも：2本] スレッドコード45cm
白
＊かぎ針3号(1本どり)
＊スレッドコードの編み方は18ページ

[花大：濃いピンク2枚 その他 各1枚]
□ 黄
▨ 白・ピンク・濃いピンク・ブルー・紫
＊かぎ針3号(1本どり)

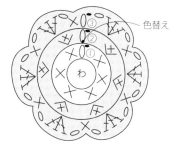

[花小：各1枚]
白・ピンク・濃いピンク・ブルー・紫
＊かぎ針3号(1本どり)

[葉(2枚)：2枚]
緑
＊かぎ針3号(1本どり)

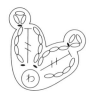

[葉：1枚]
緑
＊かぎ針3号(1本どり)

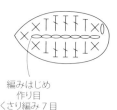

編みはじめ
作り目
くさり編み7目

作り方

❶ パーツを編みます。

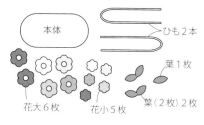

＊本体はかぎ針6号(2本どり)
＊その他はかぎ針3号(1本どり)

❷ 本体にひもと花、葉をつけ、できあがりです。

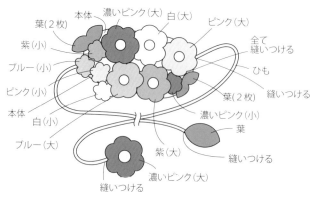

64

お花のバッグ

■ 毛糸
[ハマナカねんね]中細毛糸
白(1) 35g
黄(4)・ピンク(5)・濃いピンク(6)・ブルー(8)・緑(9)紫・(10)各適量

■ 針
かぎ針 6号
かぎ針 3号
とじ針

■ ゲージ
細編み 10cm角
(2本どり)
23目 25段

■ 完成図・サイズ

■ 編み図

[本体：1枚] 白
＊かぎ針6号(2本どり)

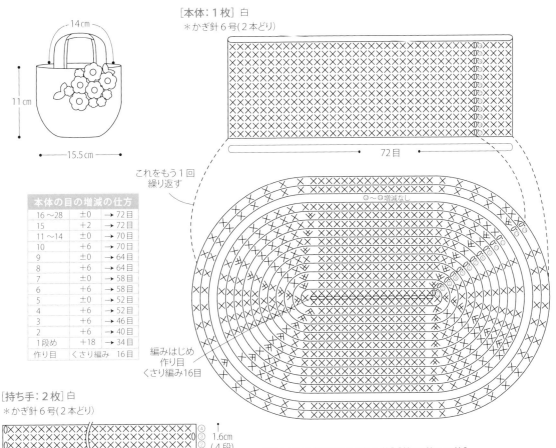

本体の目の増減の仕方		
16～28	±0	→ 72目
15	+2	→ 72目
11～14	±0	→ 70目
10	+6	→ 70目
9	±0	→ 64目
8	+6	→ 64目
7	±0	→ 58目
6	+6	→ 58目
5	±0	→ 52目
4	+6	→ 52目
3	+6	→ 46目
2	+6	→ 40目
1段め	+18	→ 34目
作り目	くさり編み	16目

[持ち手：2枚] 白
＊かぎ針6号(2本どり)

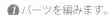

[花大：各1枚] [花小：各1枚] [葉(2枚)：2枚]
＊編み図は64ページ、Floral Bonnetと同じです。

■ 作り方

❶ パーツを編みます。

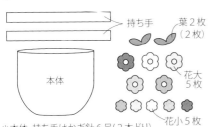

＊本体、持ち手はかぎ針6号(2本どり)
＊その他はかぎ針3号(1本どり)

❷ 本体に持ち手をつけます。

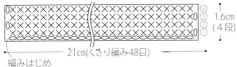

❸ 本体に花と葉をつけ、できあがりです。

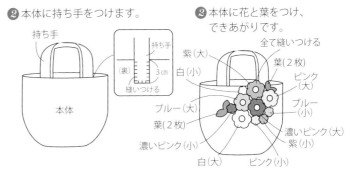

65

P40 Vest

編み上げベスト

■ 毛糸 ■
[ハマナカねんね] 中細毛糸
ネイビー (12) 130g
グレー (11) 適量

■ 針 ■
かぎ針 6号
かぎ針 3号
とじ針

■ ゲージ ■
模様編み (2本どり)
19目 10cm
1模様 6段 4.2cm

完成図・サイズ

編み図

[後ろ身頃: 1本]
ネイビー
＊かぎ針6号
（2本どり）

本体の目の増減の仕方

41・42	編み図参照	
33〜40	±0	→41
32	±0	→41
31	−2	→41
30	±0	→43
29	−2	→43
28	−2	→45
27	−2	→47
26	−2	→49
25	−4	→51
1〜24段め	±0目	→55目
作り目	くさり編み55目	

[ひも: 1本] グレー
スレッドコード 130cm
＊かぎ針編み3号 (1本どり)
＊スレッドコードの編み方は
18ページ

6段
1模様

編みはじめ
作り目
くさり編み55目

▲ふちの糸をつける

29cm(作り目55目)

5cm (9目)　17目　5cm (9目)　糸をつける

12.5cm (18段)
29.5cm (42段)
17cm (24段)

作り方

❶ パーツを編みます。

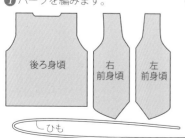

後ろ身頃　右前身頃　左前身頃
ひも

＊前・後ろ身頃はかぎ針6号 (2本どり)
＊ひもはかぎ針3号 (1本どり)

❷ 身頃の肩と脇をとじ、ふちを編みます。

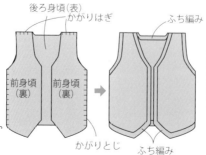

後ろ身頃（表）
かがりはぎ
前身頃（裏）　前身頃（裏）
かがりとじ
ふち編み

❸ ひもを通し、できあがりです。

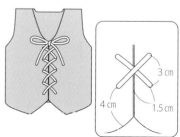

3cm
4cm
1.5cm

右前身頃の目の増減の仕方		
48	±0	→9
47	−1	→9
46	±0	→10
45	−1	→10
44	±0	→11
43	−1	→11
42	±0	→12
41	−1	→12
40	±0	→13
39	−1	→13
38	±0	→14
37	−2	→14
36	−1	→16
35	−2	→17
34	−1	→19
33	−2	→20
32	−1	→22
31	−2	→23
8〜30	±0	→25
7	±0	→25
6	+1	→25
5	+6	→24
4	+1	→18
3	+8	→17
2	+1	→9
1段め	+7目	→8目
作り目	くさり編み1目	

左前身頃の目の増減の仕方		
7〜48	右前身頃の目の増減と同じ	
6	+2	→25
5	+4	→23
4	+5	→19
3	+4	→14
2	+5	→10
1段め	+4目	→5目
作り目	くさり編み1目	

[右前身頃：1本] ネイビー
*かぎ針6号（2本どり）

[左前身頃：1本] ネイビー
*かぎ針6号（2本どり）

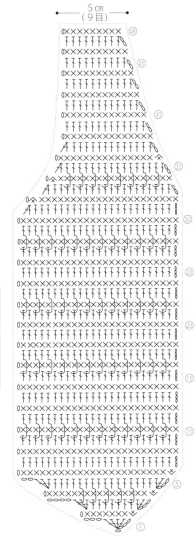
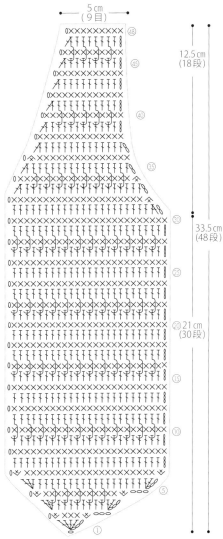

12.5cm (18段)

33.5cm (48段)

21cm (30段)

<ふちの拾い方>
*ふち編みは全て2段　かぎ針6号

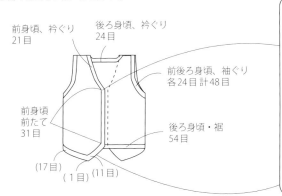

前身頃、衿ぐり 21目
後ろ身頃、衿ぐり 24目
前後ろ身頃、袖ぐり 各24目 計48目
前身頃 前たて 31目
後ろ身頃・裾 54目
(17目) (1目) (11目)

前たてのふちの編み方

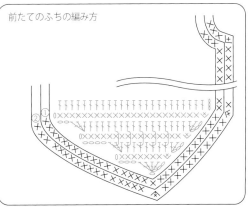

Pochette of Watermelon

すいかポシェット

▮毛糸▮
[ハマナカねんね] 中細毛糸
赤(6) 15g、緑(9) 10g
白(1) 5g、黒(16) 適量

▮その他▮
25番刺しゅう糸 黒 少々

▮針▮
かぎ針 6号
とじ針

▮ゲージ▮
細編み 10cm角
(2本どり)
23目 25段

完成図・サイズ

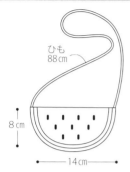

編み図

[すいか:2枚]

- 赤
- 白
- 緑

編みはじめ
作り目
くさり編み25目

色替え
41目
47目

[ひも:1本] 緑
＊5本を1束にして三つ編み92cm

すいかの目の増減の仕方

段	増減	目数
15	−4	→9
14	−4	→13
13	−2	→17
12	−2	→19
11	−2	→21
10	±0	→23
9	−2	→23
1～8段め	±0目	→25目
作り目	くさり編み25目	

作り方

黄・ピンク

❶ すいかを2本どりで編みます。

❷ 刺しゅうをします。

❸ 2枚を縫います。

❹ ひもをつけ、できあがりです。

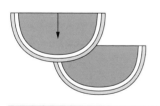

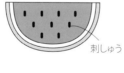
刺しゅう

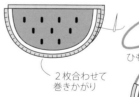
2枚合わせて巻きかがり

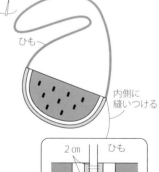
ひも
内側に縫いつける

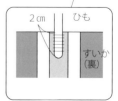
2cm ひも
すいか (裏)

図案
＊200%拡大して使用

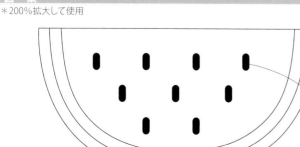

サテンステッチ
(黒・1本)

Pochette of Bear

くまさんポシェット

■ 毛糸 ■
[ハマナカねんね] 中細毛糸
黄(4) 30g、白(1) 5g
茶(15) 適量

■ その他 ■
25番刺しゅう糸 茶・赤 各少々

■ 針 ■
かぎ針 6号
とじ針

■ ゲージ ■
細編み 10cm角
(2本どり)
23目 25段

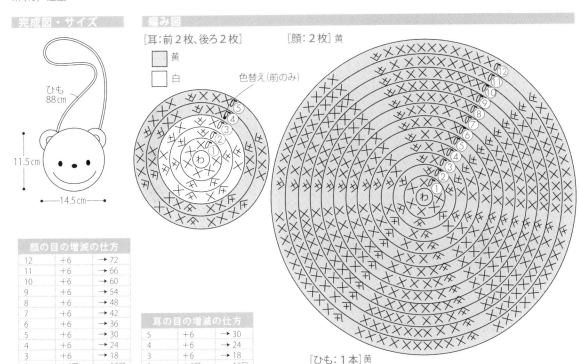

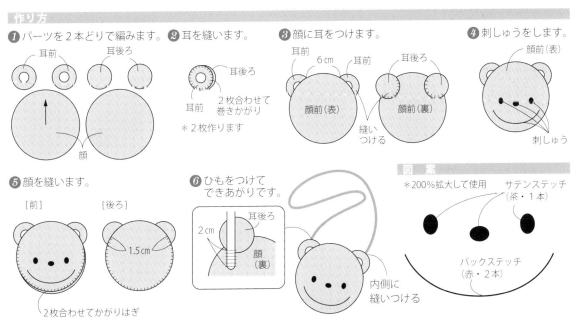

69

Square Cap

スクエアキャップ

■ 毛糸 ■
[ハマナカねんね] 中細毛糸
グレー(11) 55g
ネイビー(12) 20g

■ 針 ■
かぎ針 6号
とじ針

■ ゲージ ■
模様編み 10cm角
(2本どり)
21目 12段

完成図・サイズ

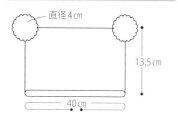

作り方

① 本体を2本どりで編みます。
② 裏にして、上を縫います。
③ 表にしてボンボンを作り、つけ、できあがりです。

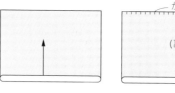
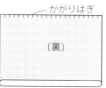

編み図

[本体：1枚] グレー

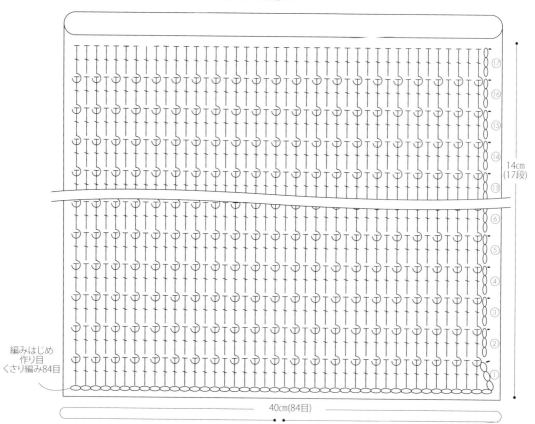

Bon-Bon Hood

P45 　ボンボン頭巾

■ 毛糸 ■
[ハマナカねんね] 中細毛糸
ピンク(5) 100g
白(1) 50g

■ 針 ■
かぎ針 6号
かぎ針 3号
とじ針

■ ゲージ ■
模様編み 10cm角
(2本どり)
21目 12段

完成図・サイズ

編み図

[本体：1枚] ＊かぎ針6号(2本どり)

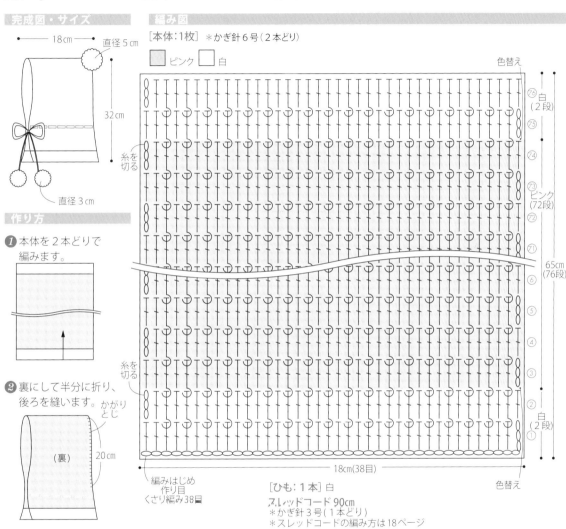

[ひも：1本] 白
スレッドコード 90cm
＊かぎ針3号(1本どり)
＊スレッドコードの編み方は18ページ

作り方

❶ 本体を2本どりで編みます。

❷ 裏にして半分に折り、後ろを縫います。かがりとじ

❸ 表に返し、ひもを通し、ボンボンを作り、つけ、できあがりです。

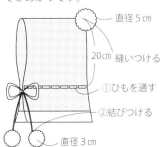

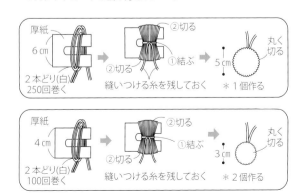

71

P46 ♛ Hand-Knitted Toys　　　　　　　　ニットおもちゃ

┃ 毛糸 ┃　　　　　　　　　　　　　┃ その他 ┃　　　　　　　　　┃ 針 ┃
[ハマナカねんね] 中細毛糸　　　　　　＜共通＞　　　　　　　　　　かぎ針 6号
＜うさぎ＞ 白(1)・ピンク(5)・濃いピンク(6) 各5g　　手芸綿 適量　　　　　　かぎ針 3号
＜くま＞ 白(1)・黄(4)・ブルー(8) 各5g　　25番刺しゅう糸 こげ茶、赤 各少々　　とじ針

完成図・サイズ

編み図

[ボディ(共通):各1枚]
＜うさぎ＞ □白 □ピンク ■濃いピンク
＜くま＞ □黄 □白 ■ブルー
＊かぎ針6号(2本どり)

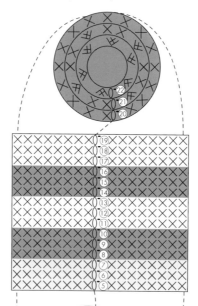

[耳(うさぎ):2枚]
ピンク
＊かぎ針3号(1本どり)

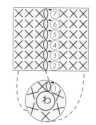

ボディ(共通)の目の増減の仕方

22	−6	→ 6
21	−4	→ 12
4〜20	±0	→ 16
3	+4	→ 16
2	+6目	→ 12目
1段め	わの中に細編み6目	

耳(うさぎ)の目の増減の仕方

2〜7	±0目	→ 6目
1段め	わの中に細編み6目	

[耳(くま):2枚]
白
＊かぎ針3号(1本どり)

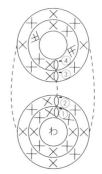

実物大図案
＊うさぎ・くま共通

サテンステッチ
(赤・4本)

バックステッチ
(こげ茶・3本)

耳(くま)の目の増減の仕方

4	−2	→ 6
2・3	±0目	→ 8目
1段め	わの中に細編み8目	

作り方

❶ パーツを編みます。

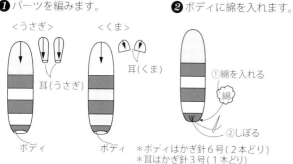

＊ボディはかぎ針6号(2本どり)
＊耳はかぎ針3号(1本どり)

❷ ボディに綿を入れます。

❸ ボディに耳をつけ、顔を刺しゅうし、できがりです。

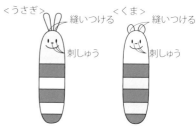

P46 Hand-Knitted Toys　　ニットおもちゃ

┃毛糸┃
[ハマナカねんね] 中細毛糸
<ピンク> 白(1)・ピンク(5)・濃いピンク(6) 各5g
<ブルー> 白(1)・黄(4)・ブルー(8) 各5g

┃その他┃
<共通> 手芸綿 適量

┃針┃
かぎ針 3号
とじ針

完成図・サイズ
*ピンク・ブルー、共通

←— 7cm —→

にぎにぎの目の増減の仕方

段	増減	目数
7	−6	→ 6
6	−4	→ 12
4・5	±0	→ 16
3	+4	→ 16
2	+6目	→ 12目
1段め	わの中に細編み6目	

編み図

[ボール:各色3個]
<ピンク>白・ピンク・濃いピンク
<ブルー>白・黄・ブルー

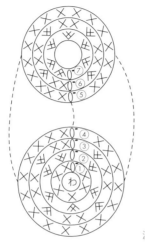

作り方

❶ ボールを編みます。

*各色3個ずつ編む

❷ 綿を入れます。

①綿を入れる
②絞る

❸ つなげて、できあがりです。

<ピンク>　　　　　　　　　<ブルー>

①毛糸を通す(白・4本)
白
ピンク
濃いピンク
②結ぶ

白
ブルー
黄

中に入れるものを色々替えてみてもいいですね!

[小豆]

[綿]
[ポリエチレンの袋]
[ビーズ]

❶
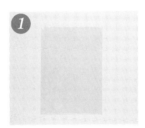
ポリエチレンの袋です。

❷

くしゃくしゃにして巻きます。

❸

セロハンテープでとめます。

❺

巻けました。

❻
中に入れてできあがりです。

にぎると感触も楽しく "カシャカシャ" "ふわふわ" 赤ちゃんが大好きです!

73

P47 ♛ *Baby Bottle Case*   哺乳瓶ケース

‖ 毛糸 ‖
[ハマナカねんね] 中細毛糸
ピンク(5) 40g
白(1) 10g

‖ その他 ‖
編み出しレース(モチーフ) 1枚

‖ 針 ‖
かぎ針 5号
かぎ針 3号
とじ針

‖ ゲージ ‖
細編み 10cm角
(2本どり)
26目 26段

完成図・サイズ

23cm

←6.5cm→

作り方

❶ 底を2本どりで編みます。

編み出しレース

❷ 側面を2本どりで編みます。

❸ ひもを編み、通し、
　できあがりです。

スレッドコード
50cm

[ひも:1本] 白
スレッドコード 50cm
＊かぎ針3号(1本)どり
＊スレッドコードの編み方は18ページ

編み図

[本体:1枚]

☐ ピンク

☐ 白

＊かぎ針5号
　(2本どり)

色替え

50段

色替え
色替え
色替え
色替え

＊ここまでを
もう1回繰り返す

←48目→

編みはじめ

編みはじめ

おむつケース

■毛糸	■その他	■針	■ゲージ
[ハマナカねんね]中細毛糸 ピンク(5) 100g 白(1) 15g	編み出しレース(テープ) 15cm(13穴)	かぎ針 6号 かぎ針 3号 とじ針	細編み 10cm角 (2本どり) 23目 25段

■完成図・サイズ

■編み図

[本体:1枚] *かぎ針6号(2本どり)

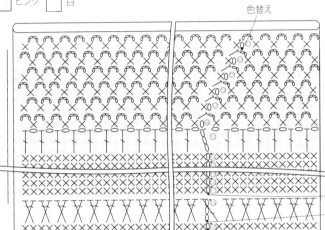

54段

色替え
色替え
色替え
色替え
色替え

108目

[ひも:1本] 白
スレッドコード 80cm
*かぎ針3号(1本どり)
*スレッドコードの編み方は18ページ

*ここまでを
もう1回繰り返す

底の目の増減の仕方		
8	±0	→108
7	+8	→108
6	+8	→100
5	+8	→92
4	+4	→84
3	+4	→80
2	+4	→76
1段め	+72目	→72目
作り目	編み出しレース13穴分	

編みはじめ

■作り方

❶ 底を2本どりで編みます。

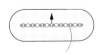

編み出しレース

❷ 側面を2本どりで編みます。

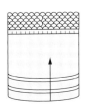

❸ ひもを編み、通し、できあがりです。

スレッドコード
80cm

P48 Baby Card / ベビーカード

■ 毛糸 ■
[ハマナカねんね] 中細毛糸
＜グリーン＞ 白(1)・黄(4)・水色(7) 各少々
■ その他　ラインストーンシール 3個　色画用紙 20cm×15cm
＜ピンク＞ ピンク(5)・白(1) 少々
■ その他　ボンテン(白) 1個　ラインストーンシール 5個　色画用紙 10cm×15cm
　　　　　布(ピンクストライプ) 10cm×10cm

■ 針 ■
かぎ針 3号
とじ針

完成図・サイズ

15cm
10.5cm

編み図

[ケープ：1枚] 白

編みはじめ
作り目
くさり編み 30目

ケープの目の増減の仕方		
10	±0	→13
9	−5	→13
7・8	±0	→18
6	−6	→18
4・5	±0	→24
3	−6	→24
1・2段目	±0目	→30目
作り目	くさり編み 30目	

[パンツ：1枚] ピンク

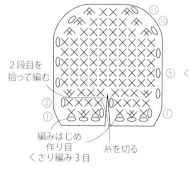

2段目を拾って編む
編みはじめ
作り目
くさり編み 3目
糸を切る

[パンツの肩ひも：2枚] ピンク

編みはじめ
作り目
くさり編み 5目

[帽子：1枚] ピンク

編みはじめ
作り目
くさり編み 7目

[帽子のふち：1枚] 白

編みはじめ
作り目
くさり編み 9目

[王冠：1枚] 黄

編みはじめ
作り目
くさり編み 7目

くさり目の裏山に引き抜く

作り方

❶ パーツを編み、縫い合わせます。

ケープ
1.5段
バックステッチ（毛糸2本どり）
ボンドで貼る

リボン結び
結ぶ
毛糸（グリーン）1本

パンツ（表）
フレンチナッツステッチ（毛糸（白）1本どり で縫いつける）
縫う

ボンテン
帽子（裏）
帽子のふち（裏）
ボンドで貼る
縫いつける

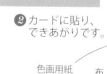
パンツの肩ひも（表）

❷ カードに貼り、できあがりです。

描く
貼る

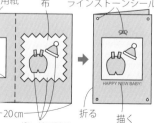
色画用紙
布
ラインストーンシール
15cm
7cm
7cm
20cm
切り抜く
ボンドで貼る
折る
描く

Bow Tie 蝶ネクタイ

P33 P40・P41

■毛糸■
[ハマナカねんね] 中細毛糸
<小> ブルー(8) 15g
<大> グレー(11) 15g

■その他■
<共通> かぎホック (0.8cm×1.2cm) 各1個

■針■
かぎ針 3号
とじ針

■ゲージ■
細編み 10cm角
30目 33段

完成図・サイズ

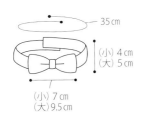

作り方

① リボンとベルトを編み、まわりをとじます。

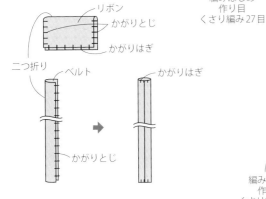

編み図

[リボン(大):1枚]

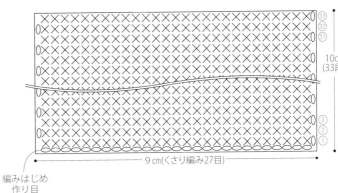

[リボン(小):1枚]

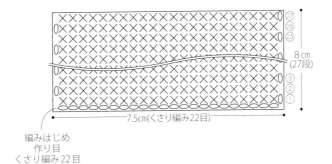

② リボン中心を編み、つけます。

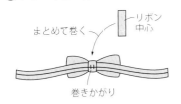

③ かぎホックをつけ、できあがりです。

[リボン中心(共通):各1枚]　[ベルト(共通):各1枚]

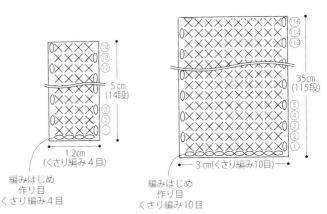

77

編み物の基礎

作り目の編み方

●くさり編みの作り目●

⓪ くさり編み

①指でわを作ります。

②わの中から糸を引き出します。

③②に針を通し、糸を引き締め、針に糸をかけます。

④そのまま引き抜き、くさり編みが1目編めました。

⑤④をくり返し、必要目数編みます。

●わの作り目●

①人さし指に糸を2回巻きつけます。

②わの中に針を入れ、糸をかけ、引き出します。

③針に糸をかけ、そのまま引き抜きます。（立ち上がりのくさり1目ができました）

④次の目からは、わにした糸をすくうように編みます。

⑤細編みを編みます。

⑥必要目数を編み、糸端を引いて引き締めます。

⑦最初の目に針を入れ、糸をかけ、一度に引き抜きます。

逆引きインデックス

この本で使われている編み記号や編み方です。編み図でわからないことがあったらここをみましょう。

⓪	くさり編み………13		細編み3目一度………16
✕	細編み………13		中長編み2目一度………16
T	中長編み………14		細編みのすじ編み………15
⏉	長編み………14		バック細編み………25
•	引き抜き編み………14		長編みの引き上げ編み………29
	細編み2目編み入れる………15		ピコット編み………18
V	中長編み2目編み入れる………15		糸の取り出し方………13
V	長編み2目編み入れる………15		糸と針の持ち方………13
W	長編み3目編み入れる………20		スレッドコードの編み方………18
	細編み2目一度………16		色替えの仕方………28

♛ この本で使われているほかの編み方

長々編み

①針に糸を2回か け、前段の目に 針を入れます。

②針に糸をかけ、 引き抜き、針に 糸をかけます。

③2目引き抜き、 針に糸をかけ ます。

④もう一度2目引 き抜き、針に糸 をかけます。

⑤一度に引き抜き、 長々編みが1目 編めました。

細編み3目 編み入れる

前段の1目に細編み を3目編み入れます。

長編み 2目一度

①針に糸をかけ、前段の 目に入れて、引き抜き、 もう一度針に糸をかけ ます。

②2目引き抜き、針に 糸をかけ、次の目に 針を入れて、 引き抜きます。

③針に糸をかけ、 2目引き抜き、 針に糸をかけます。

④一度に引き抜き、 長編み2目1度が 編めました。

長編み 3目一度

③をさらに 1回くり返し、 最後の引き 抜きまで3目分 一度に引き抜 きます。

中長編み 2目玉編み

①針に糸をかけ、 前段の目に針 を入れます。

②針に糸をかけて、 引き抜き、糸を かけます。

③同じ目に針を入れ、 糸をかけ、引き抜 き、針に糸をかけ ます。

④一度に引き抜き、 中長編み2目玉編 みが編めました。

中長編み 4目玉編み

③をさらに2回くり返し、 針に糸をかけ、一度に 引き抜き、中長編み4目玉 編みが編めました。

長編み2目玉編み

前段の1目に長編みを最 後の引き抜きの手前まで 2目編み、最後に2目分 一度に引き抜きます。

長々編み2目玉編み

前段の1目に長々編みを 最後の引き抜きの手前ま で2目編み、最後に2目 分一度に引き抜きます。

長編み 1目交差

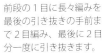

①針に糸をかけ、ひとつ先 の目に長編みを編みます。

②針に糸をかけ、①の手前 の目に長編みを編みます。

♛ とじ方・はぎ方

かがりとじ

段がずれないように 合わせ、端の目の糸 をすくいながら かがります。

かがりはぎ

端の目に合わせ、1 目すくってかがります。

♛ 糸端の始末

糸端をとじ針に通し、内側の編 み目に通して余分を切ります。

♛ 刺しゅうの仕方

[バックステッチ]

3出　2入
1出
4入

[フレンチナッツステッチ]

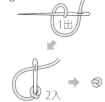

1出

2入

[ストレートステッチ]

1出

3出　2入

[サテンステッチ]

3出　2入
1出

[巻きかがり]

79

● 著者プロフィール

寺西 恵里子 てらにし えりこ

（株）サンリオに勤務し、子ども向けの商品の企画デザインを担当。退社後も"HAPPINESS FOR KIDS"をテーマに手芸、料理、工作を中心に手作りのある生活を幅広くプロデュース。その創作活動の場は、実用書、女性誌、子ども雑誌、テレビと多方面に広がり、手作りを提案する著作物は600冊を超える。

寺西恵里子の本

『ニードルフェルトで基礎レッスン』（小社刊）
『ラブ編みで作る編みもの＆ボンボンこもの』（辰巳出版）
『作りたい 使いたい エコクラフトのかごと小物』（西東社）
『0・1・2歳のあそびと環境』（フレーベル館）
『365日子どもが夢中になるあそび』（祥伝社）
『3歳からのお手伝い』（河出書房新社）
『楽しく遊んで、のびのび育つ！とっておきの知育おもちゃ』（ブティック社）
『基本がいちばんよくわかる ソーイングのれんしゅう帳』（主婦の友社）
『かんたん15分 火も包丁も使わない魔法のレシピ 全3巻』（汐文社）
『30分でできる！かわいいうで編み＆ゆび編み』（PHP研究所）
『チラシで作るバスケット』（NHK出版）
『身近な材料でハンドメイド かんたん手づくり雑貨』（一般社団法人 家の光協会）
『おしゃれターバンとヘアバンド50』（主婦と生活社）
『ハンドメイドレクで元気！手づくり雑貨』（朝日新聞出版）

● 協賛メーカー

この本に掲載しました作品は、ハマナカ株式会社の製品を使用しています。
糸・副資材のお問い合わせは下記へお願いします。

ハマナカ株式会社
〒616-8585 京都市右京区花園薮ノ下町2番地の3　TEL/075(463)5151(代)　FAX/075(463)5159
ハマナカコーポーレートサイト●www.hamanaka.co.jp　e-mailアドレス●info@hamanaka.co.jp
手編みと手芸の情報サイト「あむゆーず」●www.amuuse.jp

● スタッフ

作品制作	森留美子　千枝亜紀子　山内絵理子　上田節子
	福永くるみ　福永すみれ　野沢実千代
作り方まとめ	池田直子
作り方デザイン	澤田瞳　うすいとしお　YU-KI
撮影	奥谷仁
デザイン	ネクサスデザイン
校閲	校正舎 楷の木
進行	鏑木香緒里

魔法のレースで編み始める！
かんたんベビーニットとこもの
平成30年8月20日 初版第1刷発行

著者	寺西 恵里子
発行者	穂谷 竹俊
発行所	株式会社 日東書院本社　〒160-0022　東京都新宿区新宿2丁目15番14号 辰巳ビル
TEL	03-5360-7522（代表）　FAX 03-5360-8951（販売部）
振替	00180-0-705733　URL http://www.TG-NET.co.jp
印刷	三共グラフィック株式会社　製本　株式会社セイコーバインダリー

本書の無断複写複製（コピー）は、著作権法上での例外を除き、著作者、出版社の権利侵害となります。
乱丁・落丁はお取り替えいたします。小社販売部までご連絡ください。
© Eriko Teranishi 2018, Printed in Japan　ISBN 978-4-528-02212-6　C2077